Openbare Bibliotheek

Dorpsplein 60
1115 CX Duivendrecht
Tel.: 020-6952282
E-mail : dvd@oba.nl

Redactie:	Larry Iburg en Loes Jansink
Omslagontwerp:	Erik de Bruin, www.varwigdesign.com
	Hengelo
Lay-out:	Christine Bruggink, www.varwigdesign.com
Foto's:	Tessy M. van der Burgt (blz. 13, 14, 27, 29 en 41)
Druk:	Grafistar, Lichtenvoorde

ISBN 978-90-8660-028-1

© 2010 Uitgeverij Ellessy
Postbus 30227
6803 AE Arnhem
www.ellessy.nl

WWW TERRA
wij willen weten
Yono Severs

Deel 7

Thailand

ELLESSY
JEUGD

Inhoudsopgave

Inleiding

Thailand is een koninkrijk in zuidoost Azië. Het ligt op het schiereiland van Indochina. Het grenst in het oosten aan Laos en Cambodja, in het westen aan Myanmar (het vroegere Birma of Burma) en de Andamanse Zee, in het zuiden aan Maleisië en in het zuidoosten aan de Golf van Thailand.
Tot 1949 heette Thailand Siam.
De officiële Thaise naam van Thailand is Ratcha Anachak of Pratet Thai, wat letterlijk vertaald 'vrij land' of 'land van de vrije mensen' betekent.

Thailand heeft een prachtige natuur die veel toeristen trekt.
Het noorden is bergachtig, begroeid met bos.
Het noordoosten heeft het droge woeste Khorat Plateau. Dit wordt ook wel de 'Huilende Vlakte' genoemd. Er groeit erg weinig.
Naar het zuiden ligt het rivierengebied. Daar stroomt onder andere de Chao Phraya, waaraan de hoofdstad van Thailand, Bangkok, ligt.
Het zuiden van Thailand ligt op het Maleisisch schiereiland tussen de Thaise Golf en de Andamanse Zee. Hier zijn tropische regenwouden, kaarsrecht de lucht in stekende kalksteenrotsen en prachtige stranden.
Voor de kust van Thailand liggen honderden eilandjes, die elk hun eigen verhaal vertellen.
In Thailand wonen ongeveer 65 miljoen mensen op 513.115 km². Thailand is ongeveer dertien keer zo groot als Nederland en iets kleiner dan Frankrijk. Soms staat een een woord schuin (*cursief*) gedrukt. Wat zo'n woord betekent kun je vinden in de verklarende woordenlijst achterin.

1. Geschiedenis van Thailand

**De geschiedenis van Thailand begint met de Thaise
volkeren die in Zuid-China woonden. Ze leefden van
rijstbouw en visvangst en ze woonden in paalwonin-
gen. Er kwam tekort aan land en de volkeren trokken
de grens over naar het huidige Thailand. Niet alle volkeren trokken weg. Nog steeds leven er in het zuiden
van China miljoenen Thai.**

Er zijn ook mensen die geloven dat de Thai niet uit China kwamen maar dat het zeevaarders waren, die in het huidige Thailand
aan wal zijn gaan wonen.
De Thaise volkeren zijn in het eerste *millennium,* dus rond de tien-
de eeuw, in het huidige Thailand terecht gekomen.
Ze vermengden zich met de Khmer, de Mon en met andere volkeren. De Thaise volkeren staan erom bekend dat zij zich gemakkelijk aanpassen. Ze lijken er weinig moeite mee te hebben om met
andere vreemde volkeren om te gaan. De Thai blijven zichzelf en
laten anderen in hun waarde.

Sukhothai en Ayutthaya

In de 13^e eeuw begonnen de Thai, die de belangrijkste bevol-
kingsgroep vormden, koninkrijkjes te stichten. Het belangrijkste
daarvan werd Sukhothai, waar in die tijd het alfabet werd ontwikkeld dat nu nog steeds door de Thai wordt gebruikt.
Naast Sukhothai werden er nog veel meer Thaise staten en staat-
jes gevormd. Een daarvan was het koninkrijk Ayutthaya, dat
Sukhothai in 1365 veroverde. Ayutthaya werd een machtig en rijk
koninkrijk. Een van de gevolgen van de rijkdom was dat
Ayutthaya handel voerde met veel Aziatische landen.
Vanaf de 16^e eeuw kreeg Ayutthaya contact met het Westen, met
Europa. Het begon met Portugezen en vanaf 1604 dreef Ayutthaya
ook handel met Nederlanders, via de Nederlandse Verenigde

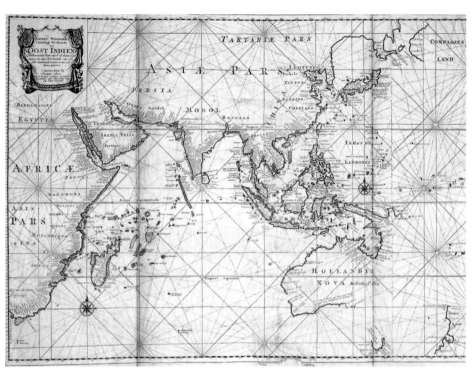

In de tijd van de VOC heette Thailand Siam.

Oostindische Compagnie. In deze tijd kreeg Thailand de naam Siam. Birma of Burma, de tegenwoordige Unie van Myanmar, een buurland in het noorden, kreeg in de gaten hoe goed het met Ayutthaya ging. Birma zag in het welvarende Ayutthaya een gevaarlijke *rivaal*. In 1750 verklaarde Birma de oorlog aan het koninkrijk Ayutthaya. Ayutthaya hield stand. Maar in 1767 belegerden de Birmezen de stad Ayutthaya, hoofdstad van het koninkrijk Ayutthaya, opnieuw. Hoewel de Ayutthayanen zich onder leiding van generaal Taksin dapper verzetten, wonnen de Birmezen de strijd. Triomfantelijk vernielden ze de prachtige stad.

Chakri-*dynastie*

In 1782 werd generaal Taksin gek verklaard. Zijn opvolger werd generaal Chakri, die zichzelf Rama I noemde, de eerste koning van de Chakri-*dynastie*. Hij werd gekroond op 6 april 1782, een datum die ook nu nog een officiële feestdag is in Thailand. Hiermee werd een absolute monarchie gevestigd, een regeringsvorm waarbij alle inwoners van het land moeten gehoorzamen aan de vorst.

De erfgenamen en opvolgers van Rama I hadden het niet gemakkelijk. Ze moesten vechten tegen Europa, dat landen in Zuidoost-Azië wilde *koloniseren*. Thailand verzette zich krachtig en met succes: het is het enige land in Zuidoost-Azië dat nooit is *gekoloniseerd*.

De Rama vorsten uit de Chakri-dynastie waren heel ontwikkeld en ze zorgden goed voor het volk. Rama IV zorgde er bijvoorbeeld voor dat vrouwen uit vrije wil mochten trouwen, wat in die tijd heel modern was. Rama V schafte de slavernij af en deed veel aan wegenbouw in het land. Hierdoor werden veel tot dan toe geïsoleerde dorpen bereikbaar.

Verschillende staatsvormen

In de 19^e en het begin van de 20^e eeuw werd Thailand opnieuw bedreigd door Europa, dat nog steeds koloniën wilde stichten in Zuidoost-Azië. Rama V deed er alles aan om Thailand te moderniseren. Hij wist dat hij zo het *koloniseren* kon tegenhouden, net als het vaststellen van de landsgrenzen Hij zorgde dat er posterijen, spoorwegen en ambtenaren kwamen. Ook onderwijs en een politiemacht naar westers voorbeeld werden onder zijn bewind gerealiseerd. Daarvoor nam hij een aantal westerse adviseurs in dienst. Rama V speelde verschillende Europese landen tegen elkaar uit. Toen de volgende Rama, koning Vajirawudh of Rama VI, de troon besteeg was het gevaar voor *kolonisatie* bijna geweken.

In 1932 vond er in Thailand een staatsgreep plaats, een snelle verandering in de politiek waarbij het gezag op een ongebruikelijke manier in andere handen overging. Het land werd een constitutionele monarchie, een regeringsvorm waarbij de macht van de vorst berust op de grondwet. Dit betekent dat men niet meer direct aan de vorst gehoorzaamt maar dat men zich moet houden aan de regels van de wet.

Hoewel het volk dus verantwoording verschuldigd was aan de wet, werd Thailand in werkelijkheid bestuurd door militairen. Dit kwam doordat de militairen de macht van de koning als een belemmering zagen voor hun eigen ontwikkeling. Thailand was dus eigenlijk sinds de staatsgreep van 1932 een militaire dictatuur, een regeringsvorm waarbij hoge militairen het voor het zeggen hebben.

Respect voor de heersende macht.

In 1935 trad Rama VII of koning Pradjapidhok af. Zijn opvolger, Phra Chaoyuhua Ananda Mahidol, was nog maar 10 jaar oud. Daarom nam maarschalk Phibul Songhkram de zaken waar. Phibul veranderde de naam Siam in Thailand om te laten zien dat alle Thai één volk waren. Verder verbood Phibul om dezelfde reden niet Boeddhistische levenswijzen. Hij wilde moderniseren. Hij wilde dat Thailand meer op het Westen ging lijken. Omdat de militairen in de loop van de jaren steeds meer macht kregen, kreeg het parlement, de volksvertegenwoordiging, steeds minder macht. Dit gaf onrust onder het volk, dat telkens weer protesteerde tegen de militairen.

Amerikaanse periode
In 1957 was het de beurt aan generaal Sarit Thanarat om de macht te grijpen. Hij was opperbevelhebber van het leger. Hij was streng voor het volk maar gul voor zijn vrienden. Zijn regeringsperiode is later 'yuk thamin' genoemd, donker tijdperk. Dit kwam doordat hij zo wreed was voor zijn vijanden en doordat hij niet tegen tegenspraak kon. Ook generaal Sarit legde het accent op ontwikkeling en welvaart. Hij werd daarin gesteund door Amerika. Toen de generaal in 1963 stierf, werd hij opgevolgd door een driemanschap, onder wie Thailand in sneltreinvaart verwesterde. Er kwam meer werk in de steden, met als gevolg dat de mensen van het platteland wegtrokken om op een andere plaats dan hun geboortegrond een nieuw, rijker leven op te bouwen. Het uitgaansleven in de steden bloeide op. Er werden in die jaren veel wegen aangelegd om de Thai de kans te geven van de ene naar de andere plaats te reizen.

Democratie met een militaire smaak
Het volk bleef ontevreden over de macht van de militairen. Dat zorgde telkens voor onrust. In oktober 1973 kwam de uitbarsting toen studenten in opstand kwamen tegen de militaire macht. De politie reageerde met geweld en er vielen meer dan 1.000 doden. Koning Bhumibol, Rama IX, die zijn broer Rama VIII in 1946

13 april 2009: Rellen in Bangkok, grimmige sfeer. Het leger staat paraat.

was opgevolgd, en die in 1950 was gekroond, koos partij voor het volk en de drie machthebbers vluchtten naar het buitenland.

In 1976 deden de militairen een staatsgreep waarbij ruim 100 studenten werden gedood. Ditmaal bemoeide Koning Bhumibol zich niet met de onrust in zijn land. Hij ondertekende een nieuwe grondwet, die een jaar later alweer werd afgeschaft door de nieuwe militaire regering.

In 1992 gaf de militaire leider Suchina Kraprayoon zijn macht op omdat het volk samen met koning Bhumibol protesteerde tegen de militaire dictatuur. Er werden verkiezingen gehouden en de Democratische Partij van Chuan Leekpai kwam aan de macht. Thailand was nu een parlementaire democratie, een staatsvorm waarbij het volk kiest wie het als zijn leiders wil hebben.

In 2001 kwam de macht aan de partij Thai Rak Thai (Thai houden van Thai) van de miljardair Thaksin Shinawatra. Begin 2006

13 april 2009: Bangkok, het leger staat klaar om in te grijpen, straten worden afgesloten.

schreef hij verkiezingen uit omdat men aan zijn macht twijfelde en er anti-Thaksin campagnes werden gevoerd. Hoewel Thaksin de verkiezingen won, trad hij in april af als premier. Hij bleef waarnemend premier. In mei besloot het Hooggerechtshof dat de verkiezingen ongeldig waren omdat er niet volgens de grondwet was gehandeld.

In september 2006 pleegde het leger een staatsgreep terwijl premier Thaksin in de Verenigde Staten van Amerika was.

De politieke situatie in Thailand is instabiel. In de periode mei - december 2008 was het tumultueus in de hoofdstad Bangkok. Premier Abhisit heeft in april 2009 de noodtoestand afgekondigd voor Bangkok en aangrenzende provincies, nadat de situatie in de stad door aanhoudende demonstraties tegen de regering steeds grimmiger was geworden.

Koning Bhumibol

Koning Bhumibol - dat men uitspreekt als 'boemiepon' - is de langst regerende koning in de Thaise geschiedenis, en sinds 2000 de oudste koning die Thailand ooit heeft gehad. Sinds 2000 is hij ook de langstzittende heerser in de wereld. Koning Bhumibol heeft tijdens zijn regeringsperiode een aantal keren de militairen de mond gesnoerd. Ook heeft hij herhaaldelijk bemiddeld tussen militairen en burgers. In mei/juni 2006 werd zijn 60-jarig jubileum als koning gevierd. Het was een groots *nationaal* feest, maar ook *internationaal* kreeg de koning veel erkenning. In januari 2004 heeft koningin Beatrix samen met haar zoon, kroonprins Willem Alexander, een staatsbezoek aan hem afgelegd.

Op dit moment

Thailand is nu dus een parlementaire constitutionele monarchie, dat wil zeggen dat er een koning regeert (koning Bhumibol Adulyadej of Rama IX), die geholpen wordt door ministers die door het volk zijn gekozen. Na de koning staat er een minister president aan het hoofd van de regering.
Het koningshuis wordt diep gerespecteerd door de Thaise bevolking. In veel winkels, huizen, tempels en openbare gebouwen hangt een portret van koning Bhumibol en van koningin Mom Rajawongse Sirikit Kitiyakara. Deze afbeeldingen mogen nooit bespot worden en ze worden uit eerbied zo hoog mogelijk opgehangen. Koning Bhumibol heeft nog steeds een belangrijke invloed op het politieke en religieuze leven.

2. Het Thaise landschap (ontdek Thailand)

Thailand heeft veel verschillende landschappen:
- **beboste bergen;**
- **diepe valleien met snelstromende rivieren;**
- **bebouwde akkers met grote rivieren en kanalen;**
- **dichte regenwouden;**
- **gebieden met onvruchtbare, droge grond.**

Die verschillende landschappen zijn terug te vinden in de volgende delen van Thailand:
- het noordelijke en het noordoostelijke bergland langs de westgrens met Birma, dat bestaat uit de laatste uitlopers van de Himalaya, met een gemiddelde hoogte vanaf 1500 tot 2500 meter naar 50 tot 100 meter. In het noordoosten vindt men het droge en onherbergzame Khorat Plateau met als hoogste punt de Doi Inthanon die 2598 meter hoog is. Hoewel de streek begroeid is met teakwouden, rijstvelden en regenwouden is de grond in vergelijking tot de rest van het land erg arm. De landbouw is afhankelijk van de onregelmatige regenval. De belangrijkste vier bronrivieren van de Chao Phraya, de Nan, de Yom, de Wang en de Ping, ontspringen in dit gebied;

- het centrale laagland met haar vruchtbare moerasbodem waar rijst wordt verbouwd. Het slib waaruit dit land is opgebouwd wordt aangevoerd door de belangrijkste rivier van Thailand, de Chao Phraya of Mae Nam ('moeder der wateren'). Dankzij dit gebied is Thailand de op één na grootste rijstexporteur van de wereld. In dit belangrijke gebied, waar naast rijstteelt veel industrie is, ligt ook de hoofdstad Bangkok;

- Noordoost-Thailand of Isaan, met een onvruchtbare bodem van leem met zand. Dit is de armste streek van het land. Toch hebben de Thai er akkerland van weten te maken. Vroeger waren hier bossen, die door intensieve roofbouw bijna helemaal zijn verdwenen. Nog geen 50 jaar geleden was 70% van Thailand bos, nu is dat nog maar 15%;

- het zuiden, de Thaise landtong, heeft aan weerskanten smalle kustvlakten. De kust heeft veel inhammen en in het binnenland zijn heuvels en regenwouden. Er zijn plantages met ananas, rubber en palmen (voor de olie). Langs de kust zijn veel mangrovebossen met garnalenkwekerijen. Voor de kust liggen veel kleine eilandjes, die veel toeristen trekken. De bekendste zijn Phuket in de Andamanse zee en Samui in de Golf van Thailand. Het opvallendst in dit gebied zijn de enorm grote kalksteenformaties in de Andamanse Zee.

Inham in de zuidkust van Thailand.

Plantenwereld

In Thailand zijn ongeveer 15.000 *inheemse* plantensoorten. Hieronder vallen meer dan 500 boomsoorten en meer dan 1000 soorten orchideeën. De orchidee wordt beschouwd als een nationaal symbool. Verder vindt men in Thailand veel tropische planten zoals hibiscus, acacia, lotus, rode jasmijn en bougainvillea. Vroeger was bijna heel Thailand met bos bedekt. Rond 1930 was nog driekwart van Thailand met bos bedekt. Nu is dat nog ongeveer 15%, ongeveer 80.000 km². Aan de kust zijn dat mangrovebossen, op de bergtoppen zijn het naaldhoutbossen.

In het noorden van Thailand groeien en bloeien azalea's en rododendrons. Verder zijn er bladverliezend moessonbos met eikenbomen en teakbossen, de bekendste boomsoort van Thailand.

In het zuiden komt veel regenbos voor, eeuwig groen tropisch regenwoud. Hier groeit onder andere ijzerhout, rotan, rozenhout en palmen. Ook groeien er *inheemse* boomsoorten zoals de yang, de teng-rang, de daeng en de tabaek.

De orchidee is in Thailand een nationaal symbool.

In het *nationale* park Khao Sok op het eiland Phuket vindt men lianen, bamboe, rotan, varens en de 'rafflesia'. Dit is een gigantische plant met de grootste bloem ter wereld die wel 80 cm. groot kan worden. Het is een *parasiet* zonder eigen wortels of bladeren en hij groeit in de wortels van de liaan, een tropische slingerplant die zich om boomstammen windt.
In ditzelfde park is ook de bijzondere 'lahng kao' te vinden, een *inheemse* palmsoort.

Aan de kust en de monding van de delta's zijn mangrovebossen. Dit zijn vloedbossen, dat wil zeggen dat de wortels van de bomen in de modder van de zeekust staan. Bij eb liggen de wortels bloot en bij vloed staan ze onder water. In 30 jaar tijd zijn de mangrovebossen tot de helft verminderd. Mangrove is namelijk heel bruikbaar als brandhout. Gelukkig is er in 1989 door de Thaise regering een verbod op de houtkap afgekondigd om te voorkomen dat de bossen helemaal verdwijnen.

De belangrijkste *cultuurgewassen* in Thailand zijn rubber, tabak, suikerriet en katoen.

Dierenwereld
Men schat dat 10% van de soorten vissen, 10% van de vogels, 5% van de reptielen en 3% van de amfibieën in Thailand te vinden zijn.
In Thailand leven ongeveer 300 soorten zoogdieren, waaronder er heel veel zijn waar men in Nederland nog nooit van heeft gehoord. Een aantal dieren kent men uit dierentuinen. Een paar voorbeelden:
- bantengs;
- gaurs;
- blaf- en dwerghertjes;
- sambarherten;
- geitantilopen;
- Maleise tapirs;

- panters;
- tijgers;
- Maleise beren;
- Birmese zonnedas;
- Tibetaanse zwarte beren;
- vliegende maki's;
- Thaise waterbuffel;
- Aziatische olifant;
- kuifgibbons.

Siamese vuurrugfazant

Er zijn ongeveer 1000 soorten vogels.
Ook hieronder komen zeldzame
soorten voor.
Een paar voorbeelden:
- blauwvleugelminla's;
- groene cocha's;
- roodkoptrogons;
- groenstaarthoningvogels;
- Gurney's pitta;
- nimmerzat;
- moeraspurperkoeten;
- gekuifde bospatrijzen;
- Siamese vuurrugfazant,
  de *nationale* vogel van Thailand;
- zwartkruinkwak;
- roodlelplevier;
- langstaartbreedbek;
- Goulds honingvogel;
- Aziatische paradijsvliegenvanger,
- witkuif-timaliagaai;
- grote vlaggendrongo.

Gekuifde bospatrijs

In Thailand zijn veel reptielen, onder
wie 76 soorten slangen. De zes
giftige zijn:
- cobra;
- Maleise adder;
- krait;
- groene adder;
- koningscobra;
- Russels pit viper.

Cobra

De rivierschildpad en de Indische
krokodil horen bij bedreigde diersoorten.

Dolfijnen in de wateren bij Thailand.

In de mondingen van rivieren en langs
de kust komen onder andere voor:

- dolfijnen;
- blauwe marlijn;
- zeilvis;
- barracuda;
- clownstrekkervis;
- murene;
- reuzenmanta;
- verschillende soorten haaien, bijvoorbeeld lui-
  paardhaaien, gladde haaien, zwartvinrifhaaien en
  zwartpunthaaien.

In Thailand leven honderden soorten vlinders, zoals
de atlasvlinder, de grootste vlindersoort ter wereld.

Uitsterven
Zoals overal ter wereld zijn in Thailand verschillende diersoorten uitgestorven. Een paar voorbeelden:

- de Javaanse neushoorn;
- de kouprey, een wild rund;
- de Sumatraanse neushoorn.

Andere dieren worden met uitsterven bedreigd:
- 'doejong' of zeekoe. Door goede zorgen en aandacht neemt hun aantal inmiddels weer langzaam toe;
- kitti-vleermuis of 'craseonycteris thonglongyai', het kleinste zoogdier ter wereld. Hij werd pas in 1973 ontdekt. Hij is niet groter dan een vlinder en weegt maar twee gram, zoiets als een vingernagel. Er zijn nog maar ongeveer 2000 Kitti-vleermuizen;
- liangpha, een Aziatische berggeit;
- Schomburgk's hert.

Oorzaken van uitsterven:
- het leefgebied - of de habitat - van de dieren verdwijnt. Bijvoorbeeld doordat er bos wordt weggekapt. De dieren kunnen alleen in dit bos leven, nergens anders;
- jacht, om verschillende redenen werd en wordt er te veel op te veel dieren gejaagd;
- handel in dieren.

Tegenwoordig wordt er aandacht besteed aan natuurbescherming. Er zijn *nationale* parken opgericht en in sommige delen van het land (15%) worden de dieren beschermd. Thailand heeft ongeveer 80 *nationale* parken, waaronder 19 zeereservaten.

Natuur en natuurbescherming
De prachtige, rijke natuur van Thailand wordt bedreigd door ontbossing, overmatig kappen van bomen en door vervuiling door de industrie.

Aan het eind van de 19ᵉ eeuw begonnen Europese houtkapbedrijven de Thaise bossen op grote schaal leeg te halen. Vooral de teakbossen in het noorden moesten het ontgelden. Teak is een harde houtsoort, die veel gebruikt wordt voor meubels die lang mee moeten, bijvoorbeeld tuinmeubelen. Er werd heel veel

Mangrovebos in Thailand.

gekapt, maar er werd niet opnieuw geplant.
Toen het teak op begon te raken, werd de aandacht verlegd naar andere boomsoorten. Waar bomen verdwenen begon bamboe te groeien. Dat leverde verarming van de bodem op. Menig dier zag zijn woongebied veranderen in terrein waarop hij niet kon leven.

Op het zuidelijke schiereiland werd bos gekapt om plaats te maken voor rubberplantages. Hierdoor zijn de natuurlijke laaglandregenwouden teruggebracht tot een gebied van minder dan 100 km².
Langs de kusten zijn mangrovebossen gekapt als brandhout. Ook dit bracht schade toe, voornamelijk aan het dierenleven.
Het Thaise landschap is zo door de eeuwen heen veranderd, verarmd. Bomen verdwenen, dieren stierven uit. Niemand deed er iets aan. Er was geen aandacht voor de natuur. De Thai dachten dat de natuur onuitputtelijk was. Zij geloofden dat Boeddha hun land wel gezond zou houden en dat zij er niets voor hoefden te doen.
In 1989 veranderde er iets in die gevaarlijke toestand. Premier Chatichai Choonhavan kondigde in januari een volledig verbod op de houtkap af. Dat was hard nodig. De aanleiding voor deze maatregel was een ramp die enkele maanden eerder had plaatsgevonden.
Tijdens zware stortregens zijn in zuid Thailand honderden men-

sen omgekomen in een brei van modder en boomstammen die vanaf de bergen over de dorpen gespoeld was. De ontbossing werd gezien als medeoorzaak van deze ramp. Men redeneerde dat wanneer de hellingen begroeid waren met sterke bomen met stevige wortelstelsels er geen vernietigende modderstroom was ontstaan. Dan was het water opgevangen door de bomen. Helaas wierp deze maatregel weinig vrucht af, de situatie verbeterde nauwelijks. Nog steeds wordt er veel te veel hout gekapt in Thailand. Het kappen gebeurt nu illegaal, in het geheim, buiten de wet om.

Het verslepen van boomstammen is zwaar werk. Hiervoor worden olifanten ingezet. Die olifanten worden slecht verzorgd. Ze krijgen krachtpillen - amfetaminen - om harder te kunnen werken.
Ook andere diersoorten hebben het zwaar te verduren in Thailand:
• tijgers worden opgejaagd omdat Taiwanese en Chinese apotheken hoge prijzen betalen om delen van de tijger te verwerken in dure medicijnen;
• panters worden om diezelfde reden opgejaagd;
• beren worden opgejaagd vanwege hun klauwen;
• olifanten worden gedood omdat men *amuletten* wil maken van hun geslachtsdelen en sieraden van hun slagtanden.

In de loop van de jaren is duidelijk geworden dat natuurbehoud in Thailand onmogelijk is. Om deze reden heeft een hoofd van een *reservaat*, Seub Nakhasathien, zelfmoord gepleegd. Hij is in Thailand bij iedereen bekend. Evenals de vier grafstenen die bij het Huai Kha Khaeng *reservaat* staan voor de vier parkwachters die door stropers zijn vermoord. Stropers gehoorzamen niet aan de wet en zijn strafbaar. Daar trekken zij zich niets van aan.

3. Het volk (de Thai)

De Thai vormen 80% van de bevolking van Thailand.
De resterende 20% bestaat voornamelijk uit Chinezen
(15%). Velen van hen hebben zich met Thai gemengd.
De Thai wonen ongelijkmatig verdeeld over het land.
In de onherbergzame noordelijke hooglanden wonen
de minste mensen. De meeste mensen wonen in de cen-
trale laaglanden en in het zuiden op het schiereiland.
Bijna een kwart van de bevolking woont in steden.
Bangkok, de hoofdstad van Thailand, heeft 10 miljoen
inwoners.

Een Thai heeft zwart sluik haar en een lichtbruine huid. Hij
gedraagt zich doorgaans vriendelijk, netjes en beleefd. Het Thaise
volk past zich gemakkelijk aan. Men stelt zich soepel op ten
opzichte van andere volkeren en men neemt gemakkelijk dingen
over uit andere culturen.
De Thai glimlachen heel gemakkelijk. De glimlach heeft voor een
Thai wel een heel andere betekenis dan voor Nederlanders. Als je
bijvoorbeeld aan een Thai de weg vraagt, zul je met een glimlach
ergens naartoe verwezen worden, ook al heeft de Thai geen flauw
idee waar je heen wilt. Dat komt doordat de Thai doen wat ze zelf
willen, welk antwoord ze ook geven.
Dat is hun manier van leven. In Thailand zegt men altijd 'ja' en
nooit 'nee'. Volgens de Thai is 'nee' zeggen onbeleefd. Dus doe
je dat niet. In plaats van te zeggen dat hij je niet kan helpen, zal
de Thai dus iets verzinnen om je te kunnen helpen. Al is dat van
de wal in de sloot.
In Thailand betekent 'ja' meestal 'ja, ik hoor wat u zegt'.

Boeddhisme
De belangrijkste levenswijze in Thailand is het Boeddhisme, 95%
van de Thai is Boeddhist.

Boeddha beeld in het historische park Sukhohtai.

De kern van het Boeddhisme ligt in de Vier Edele Waarheden:
- 'dhukka', het (onvermijdelijke) lijden;
- 'samudaya', de oorzaak van het lijden, namelijk de *begeerte*;
- 'nirodha', het stoppen van het lijden door de *begeerte* te verminderen;
- 'magga', de weg naar het stoppen van het lijden via het Achtvoudige Pad.

Dit Achtvoudige Pad bestaat uit de juiste manier van leven. Dat
wil zeggen dat je (in) het leven:
* op de juiste manier begrijpt;
* vanuit de juiste bedoelingen leeft;
* de juiste woorden gebruikt;
* de juiste dingen doet;
* op de juiste manier je geld verdient;
* de juiste moeite ergens voor doet;
* op de juiste manier zorgt voor dingen en mensen;
* de juiste aandacht gebruikt.

Wie zich aan deze regels houdt, kan de *begeerte* stoppen en hiermee ook het lijden.
Het doel van het Boeddhisme is het bereiken van nirvana, de
hemel. Dit kan na een lange opeenvolging van geboorte en weder-
geboorte (reïncarnatie). Deze opeenvolging wordt bepaald door
hoe men op aarde leeft, het karma. Het nirvana is voor de meeste
mensen niet te begrijpen.

De boeddhistische levenswijze vind je op veel verschillende
manieren terug in het leven in Thailand. Er zijn veel prachtig ver-
sierde tempels. Ook zijn er veel boeddhistische kloostergemeen-
schappen, groot en klein, arm of steenrijk.

Bijna alle Thaise (jonge)mannen worden voor korte tijd monnik.
Vroeger trok iedere boeddhistische (jonge)man zich een jaar terug
in een klooster, tegenwoordig doet niet meer iedereen dat. Wie het
wel doet, gaat soms nog een week het klooster in om kennis te
maken met de boeddhistische leer. Arme gezinnen sturen hun
zoons nog wel naar het klooster, omdat ze daar gratis een oplei-
ding krijgen.
Vrouwen kunnen sinds kort monnik worden, maar worden meestal non, 'mae chi' in het Thais. Monniken dragen oranje gewaden,
die wettelijk verboden zijn voor leken, mensen die niet bij het
geloof horen. Boeddhistische nonnen dragen witte gewaden.

*Chiang Mai - Thai brengen offers aan Boeddha in Doi Suthep,
één van de meest vereerde boeddhistische heiligdommen van
Noord-Thailand.*

Monniken hebben 227 regels om na te leven. Een paar voorbeelden:

- monniken mogen onder geen beding vrouwen aanraken. Als een vrouw iets aan een monnik wil geven, kan zij dat het beste via een man doen. Of ze legt het voor de monnik neer, op een slip van zijn gewaad;
- monniken met donker bruinrode gewaden zijn strenger in de leer. Ze eten *vegetarisch*, ze roken en drinken niet en ze lopen altijd op blote voeten. De in het oranje geklede monniken mogen wel vlees eten, drinken en roken (met mate) en zij lopen op slippers. Alleen tijdens de ochtendronde en gebeden lopen ze blootsvoets;
- in het openbaar vervoer mogen vrouwen niet naast een monnik zitten. Op vliegvelden en busstations staat er op sommige banken dat ze alleen voor monniken zijn, 'For monks only';
- monniken mogen na 12.00 uur niet meer eten tot zonsopgang de volgende dag;

- wie een Boeddhistische tempel bezoekt, moet zijn armen en benen bedekken. Wie dat niet doet, beledigt de Thai;
- monniken en nonnen werken niet om in leven te blijven. Zij bidden voor het volk. Het volk zorgt er op hun beurt voor dat monniken en nonnen hun gebeden kunnen doen, door ze met eten en zo nodig op andere manieren te ondersteunen.

's Morgens vroeg, rond vijf uur, gaan monniken met een grote zwarte nap de straat op. Mensen maken een beleefde 'wai' - een typische Thaise manier van groeten die uitgebreid wordt beschreven in hoofdstuk 4, Typisch Thais - naar de monnik en doen hun gift - meestal een plastic zak met eten - in de nap. De monnik bedankt niet, in plaats daarvan bedankt de gever de monnik omdat hij de kans heeft gekregen om een goede daad te doen. Monniken helpen is namelijk een goede daad in Thailand. Meestal zijn de monniken niet alleen. Bij hen lopen een of meer 'dek-wat', jongens die in de tempel wonen. Zij zijn bijna allemaal wees. De 'dek-wats' halen de gaven uit de nap en doen die in een emmer die zij voor de monnik dragen.
Nadat de monniken terug zijn in de tempel worden de goede gaven verdeeld onder de bewoners van de tempel. Dat zijn dus monniken, nonnen en leken.

Bij belangrijke gebeurtenissen, bijvoorbeeld bij de opening van een nieuw bedrijf of kantoor, een belangrijke afsluiting van een studie of de zegening van een nieuw huis, worden monniken uitgenodigd om de plechtigheid te zegenen. Dit gebeurt altijd 's ochtends. Na het gebed krijgen de monniken cadeaus die ze kunnen gebruiken zoals een gewaad, zeep, scheerbehoeften en toiletpapier. Daarna worden ze uitgenodigd voor het feestmaal. Pas als de monniken klaar zijn met eten, mogen de leken aan de maaltijd beginnen. Dat is bijna altijd rond 12 uur, dan nemen de monniken afscheid.

Na hun overlijden worden boeddhisten gecremeerd in het crematorium van een tempel. Bij een crematie huilt bijna nooit iemand omdat dat de geest van de overledene zou kunnen verstoren.

Familieleven

De Thai leven vaak in groot familieverband, de beschermende familie. Kinderen, ouders en grootouders wonen bij elkaar in huis of in de buurt. Ook broers en zusters wonen met hun gezinnen bij elkaar in de buurt zodat ze elkaar kunnen helpen wanneer dat nodig is. Soms trekken ze samen van het platteland naar de stad voor werk.

Kinderen zijn hun ouders dankbaar, vooral de moeders. Oudere kinderen voelen een grote verantwoordelijkheid voor hun ouders. Vooral dochters offeren zich op door voor hun ouders te werken als deze daar te oud voor worden. Ouders hebben van de staat namelijk weinig te verwachten. Dat is heel anders dan in Nederland, waar ouderen een uitkering (pensioen) krijgen die hen helpt om te overleven.

Die sterke familiebanden zijn echter niet altijd zo sterk als ze zouden moeten zijn. Vaak laten mannen hun gezin in de steek om te gaan samenleven met een bijvrouw. Ook komt het regelmatig voor dat zoons niets meer van zich laten horen omdat ze ergens anders een nieuw bestaan hebben opgebouwd. Hun ouders en andere familieleden zijn niet meer belangrijk.

Onderwijs

Terwijl de economie zich ontwikkelde, bleef het onderwijs achter. Er ontstonden problemen bij verdere groei omdat ook arbeiders een bepaalde ontwikkeling nodig hebben om bedrijven goed te laten werken.

Maar 10% van de industriearbeiders heeft middelbaar of beroepsonderwijs gevolgd, 70% heeft alleen maar basisschool.

Tussen 1987 en 1997 steeg het volgen van middelbaar onderwijs van 33 naar 65%, maar het middelbaar onderwijs staat in Thailand op laag niveau. Uit het hoofd leren is het belangrijkste. Zelf kritisch nadenken wordt niet aangemoedigd.

Vanaf 1995 stimuleerde de regering het onderwijs door geld te lenen om scholen te bouwen. Vanaf die tijd worden studenten aangemoedigd om langer op school te blijven. Universiteiten zijn in Thailand niet erg goed. Exacte vakken en techniek, voor de economie belangrijke studies, worden op te weinig plaatsen aangeboden. Veel studenten worden daarom door hun ouders naar het buitenland gestuurd. Ze moeten daar van hun ouders soms studierichtingen doen die later veel geld op zullen leveren. De studenten mogen niet zelf hun eigen studie kiezen. De studenten moeten hard werken om zo hoog mogelijke cijfers te halen. Voor andere dingen hebben ze weinig tijd. Ook als ze later werken, zullen ze alles op alles moeten zetten om een mooie loopbaan op te bouwen. Het gevolg hiervan is dat veel Thaise scholieren en studenten zelfmoord plegen.

4 Typisch Thais (cultuur)

In Nederland geven we elkaar een handdruk of een zoen als begroeting. In Thailand groet men elkaar met een 'wai'. De handpalmen worden ter hoogte van de kin tegen elkaar gevouwen, alsof men in gebed gaat, en tegelijkertijd maakt men een kleine hoofdbuiging.

Bij ons maakt het weinig uit wie het eerst zijn hand uitsteekt voor een begroeting. In Thailand is dat anders. Daar begroet de sociaal lagere altijd de sociaal hogere. Hij of zij maakt een eerbiedige 'wai' door de vingertoppen hoger te houden en het hoofd iets dieper te buigen. De sociaal hogere beantwoordt die 'wai' door de vingertoppen net iets lager te houden en door het hoofd net iets minder diep te buigen. In Thailand geldt dus dat hoe meer aanzien de ander heeft, hoe hoger men de handen heft. Voor de koning brengen de Thai de handen tot aan het voorhoofd. De koning zelf 'wait' niemand. Monniken 'wai'-en ook niet, soms knikken ze.
Een leraar wordt altijd ge-'wai'-t door zijn leerlingen. Hij 'wai'-t zelf naar de rector, of een hoge regeringsambtenaar. Kinderen 'wai'-en hun ouders.
In een supermarkt of in een restaurant krijgt men meestal een beleefde 'wai' bij het afrekenen. Men 'wai'-t niet terug, men geeft een vriendelijk knikje of een glimlach. Dat is ruim voldoende.

In Thailand spreekt men elkaar aan met de voornaam in plaats van met de achternaam zoals wij gewend zijn.
De Thai is een keurig volk, dat niet houdt van slordige kleding of brutaal gedrag.

Bijna ieder huis of bedrijf heeft een 'geestenhuisje', een soort minitempeltje op een paal. Daar wonen de geesten. Om te zorgen dat ze niet in huis komen, zorgen de Thai ervoor dat het geestenhuisje aantrekkelijk is door iedere dag wat eten of namaakgeld te offeren.

Een Akha-dorpje

Verschillende volkeren

In de noordelijke provincies wonen vooral bergbewoners die sinds de vorige eeuw Thailand vanuit Birma en Laos zijn binnengetrokken. Deze bergvolkeren hebben het moeilijk omdat ze geen Thais staatsburger zijn. Ze kunnen gemakkelijk weggejaagd worden van waar ze wonen. Een paar namen van bergstammen zijn:

- Akha, met als bijnaam 'i-kars', onbetaalde slaaf;
- Lisu;
- Karen, dit volk is waarschijnlijk rond de 17e en 18e eeuw uit de Gobi woestijn Thailand binnen getrokken;
- Hmong, dit volk komt oorspronkelijk uit het zuiden van China;
- Chinezen, die veel toeristen aantrekken.

In de zuidelijke provincies wonen naast Thai ook:

- moslims, ruim één miljoen;
- Indiërs en Sikhs, die voornamelijk in de steden van textielhandel leven;
- Khmer, die vooral in het grensgebied met Cambodja wonen;
- Mon, die vooral in het oosten van de provincie Kanchanaburi wonen.

'Tairong'

De 'Tairong' of de Thaise vlag heeft dezelfde kleuren als de Nederlandse vlag: rood, wit en blauw. De vlag bestaat uit vijf horizontale strepen. Van boven naar beneden: rood, wit, blauw, wit, rood. De kleuren hebben de volgende betekenis:

- rood staat voor het bloed dat het volk voor het vaderland heeft vergoten;
- wit staat voor reinheid;
- blauw is de *nationale* kleur.

Taal en schrift

De meeste inwoners van Thailand spreken Thai. De bergvolken hebben hun eigen talen.
De vijf *dialecten* van het Thai zijn:

- algemeen beschaafd Thai, dat in Centraal Thailand wordt gesproken;
- Lao Thai, in het noordoosten;
- Kammuang, in het noorden;
- Zuid Thai of Phasaa Taai, in het zuiden;
- *dialect* dat op het schiereiland wordt gesproken maar dat geen aparte naam heeft.

Thaise geschiedkundigen denken dat het Thaise schrift in 1283 werd ontworpen door koning Ramkhamhaeng.
Het Thaise alfabet heeft 45 klinkers en 44 medeklinkers.
Ter vergelijking: het Nederlandse alfabet heeft 5 klinkers en 21 medeklinkers, waarbij de letter y als medeklinker wordt geteld.
Het Thai klinkt zangerig. Er wordt met vijf verschillende toonhoogten gewerkt, die bepalend zijn voor de betekenis. Bijvoorbeeld als je 'hond' zegt en je stem klinkt laag, dan bedoel je het dier. Maar als je 'hond' zegt en je stem klinkt hoog, dan bedoel je eten. Als je 'hond' zegt en je stem klinkt middel, op gewone hoogte, dan bedoel je stoel.
Mannen gebruiken het woord kap aan het eind van bepaalde zinnen en vrouwen het woord ka.

Dansen
Er zijn moderne Thaise dansen, 'likay', en traditionele, 'khon'.
Bij de 'khon' zwijgen de dansers, die drakenkostuums en maskers
dragen. Meestal voeren ze de Ramakien op. Dat is de Thaise vorm
van de Ramayana, een serie verhalen uit India.
De 'likay' is een combinatie van zang, dans en c*abaret,* die lijkt
meer op toneel.

Sporten
In Thailand wordt veel aan Thai boksen of Muay Thai gedaan. Bij
het boksen in Nederland worden handen gebruikt, die in boks-
handschoenen gestoken zijn. Bij Thais boksen worden ook voeten, knieën en ellebogen gebruikt.

Voetbal wordt in Thailand steeds populairder. Dit komt vooral
door de rechtstreekse tv-uitzendingen van wedstrijden uit de
Engelse Premier League. De voetbalsport ontwikkelt zich snel in
Thailand en het zal niet lang meer duren voor de eerste Thaise
voetballers zich op de westerse *transfer*markt melden.

Thai boksen is een harde sport.

Thaise keuken
De Thaise keuken is wereldberoemd. Thaise gerechten zijn heerlijk van smaak en altijd vers. Het is bijna altijd een combinatie van vier smaken: zoet, zuur, pittig en zout.

Landbouw
In het noorden van Thailand verbouwt men:
- rijst;
- suikerriet;
- katoen;
- jute;
- sojabonen;
- cassave (een soort aardappel);
- pinda's.

Aan de kusten kweekt men:
- rijst;
- kokospalmen;
- rubberbomen.

In het zuidoosten, vooral in de provincie Chanthaburi, zijn veel fruitboomgaarden.

Olifanten
De Thai zien de vorm van hun land graag als de kop van een olifant, met als slurf het Maleisische schiereiland. De vergelijking is niet vreemd als je bedenkt dat er heel veel olifanten leven in de Thaise oerwouden.
Er zijn twee soorten olifanten in de Thaise cultuur: de werkolifant en de krijgsolifant. Van de werkolifanten zijn er nog ongeveer 25.000 over en in de bossen leven naar schatting nog ongeveer 1.500 olifanten. De speciale berijders van de olifanten worden 'mahouts' of 'kornaks' genoemd.
Tot voor kort werden olifanten gebruikt als rij- en lastdier, tegen-

37

woordig worden ze alleen nog ingezet bij de bosbouw en de toeristenindustrie. Tot 1916 stond er een olifant op het *nationale* wapen van Thailand. Ook stond hij op de eerste Thaise munten. Nu nog gelden zeldzame witte olifanten als heilige gelukssymbolen. Men gelooft dat Boeddha ooit de vorm van een witte olifant aangenomen zou hebben.

Geweld

Thailand is een gewelddadig land. Het heeft één van de hoogste moordcijfers van de hele wereld. Veel geweld vindt totaal onverwacht plaats en is heel heftig. Het kan ontstaan doordat iemand zich beledigd voelt, doordat iemand het gevoel heeft dat hij gezichtsverlies lijdt, inboet aan aanzien. Dat is onverdraaglijk voor een Thai en voldoende om een moord te begaan. Dus wie in Thailand hoog in aanzien staat, wie veel status heeft, kan een verschil van mening gemakkelijk oplossen met geweld.

Niet alleen gezichtsverlies is de oorzaak van gewelduitbarstingen. Andere oorzaken zijn:

* drankmisbruik;
* het gemak waarmee men in Thailand aan vuurwapens kan komen;
* het gemak waarmee men in Thailand een huurmoordenaar kan benaderen;
* buitenechtelijke ruzies, die gemakkelijk leiden tot passionele moord;
* schulden van sloppenwijkbewoners;
* drugsverslaving.

Siamezen

Tot 1949 heette Thailand Siam. Daar komt de naam 'Siamese tweeling' vandaan.

In 1829 werd in Siam namelijk een tweeling ontdekt, de jongens Eng en Chang, die met hun borst aan elkaar waren gegroeid. Een kapitein nam de jongens mee naar Amerika.

De jongens waren slim, ze maakten gebruik van hun handicap. Ze

traden op in circussen en ze verdienden veel geld. Ze trouwden met twee zussen en ze kregen 22 kinderen.
Eng en Chang werden 63 jaar oud.

Een ander begrip dat de meeste Nederlanders wel kennen, is de Siamese kat. Deze komt dus oorspronkelijk uit Thailand, toen dat nog Siam heette. Deze kattensoort heeft zich over de hele wereld verspreid.

Beroemde festivals
Loy Krathong
In Thailand en omliggende landen wordt de 12^e maan-maand gevierd, 'duan sipsong' in het Thais. Die loopt niet gelijk met december bij ons, hij begint en eindigt een week eerder.
Het Loy Krathong festival wordt op de dag van de volle maan gevierd. 'Loy' betekent 'varen' en 'Krathong' is een bootje in de vorm van een lotusbloem.

Loy Krathong wordt op de dag van de volle maand gevierd.

Tijdens het festival gaan de Thai naar de oevers van vijvers, kanalen, meren, rivieren en de zee om hun krathong te water te laten. Men koopt een krathong of maakt er zelf een. Ze verschillen heel erg in grootte en vorm. In het bootje doet men een kaars, wierook, bloemen en muntjes. De Thai geloven dat het geluk brengt om tijdens Loy Krathong hun bootje te water te laten. Het is een prachtig gezicht om al die lichtjes op het water te zien. Veel toeristen willen dit graag zien.

Niet alleen worden er krathongs te water gelaten, ook wordt er siervuurwerk afgestoken en worden er lampions met brandende kaarsen erin opgelaten. Deze lampions veroorzaken soms veel schade als ze neerstorten, wat vaak gebeurt.

Tijdens het festival hoort men voortdurend het Loy Krathong lied, er worden parades gehouden van krathongs die zo groot zijn als praalwagens in carnavalsoptochten in Nederland.

Het opruimen van alle rommel die dit feest geeft, kost de staat erg veel geld. Daarom is er sinds de jaren 90 van de vorige eeuw van alles aan gedaan om te voorkomen dat iedereen zomaar zijn krathong te water kan laten.

Pas in 2003, toen de gouverneur van Bangkok besliste dat er straf staat op het te water laten van een krathong van niet-natuurlijke materialen - zoals ernstig vervuilend plastic - deden de feestende Thai het wat kalmer aan.

Songkran

Het Thaise nieuwjaar wordt op 13 april gevierd onder de naam 'Songkran'. Dit woord komt uit het Sanskriet en betekent verplaatsen of van plaats veranderen.

In de grote steden duurt het feest een paar dagen tot een week. Men viert het feest met zijn familie. De stedelingen die oorspronkelijk van het platteland komen, gaan terug naar het dorp waar ze vandaan komen.

Tegenwoordig wordt Songkran wel het 'feest van het water' genoemd omdat iedereen elkaar drie dagen lang nat mag gooien met water. Langs de weg staan mensen met emmers water, tuinslangen en waterpistolen om voorbijgangers nat te gooien.

14 april 2009 Songkran: Thais Nieuwjaar.
Vrachtwagens met water om mensen nat te gooien.

Vrachtwagens rijden rond met mensen rond een groot watervat. Ze gooien iedereen nat die ze tegenkomen. Vaak wordt het water ijskoud gemaakt met een groot blok ijs. Vooral mensen met paraplu's en nog droge mensen moeten het ontgelden. Omdat het altijd warm is in Thailand, is al dat water heel welkom vanwege de verkoeling die het brengt.

Vaak worden tijdens Songkran kleine dieren uit hun kooi vrijgelaten. Ook worden dan grootouders, oudere familieleden en leraren geëerd door jongeren. Met de handpalmen tegen elkaar gieten de jongeren geparfumeerd water over de handen van de ouderen. De ouderen op hun beurt wensen de jongeren goede gezondheid, een lang leven en welvaart.

5. Bijzondere Thaise plaatsen

Bangkok

Bangkok, Krung Thep in het Thais, is in 1782 officieel de hoofdstad van Thailand geworden. De naam betekent 'stad der engelen'.
Bangkok is erg druk en vies door het vele verkeer. Er is altijd iets te beleven. De stad is modern (in het zakencentrum met haar vele internationale bedrijven en kantoren), en ouderwets (in de 'khlongs', de grachten).

Men kan er rust vinden in het Lumpinipark en men kan er de hele nacht feesten in de vele bars en discotheken. Er is oude kunst en moderne kunst (een mengeling van moderne technieken met traditionele thema's) in tempels en musea. Men kan er op iedere straathoek iets eten. Je wijst iets aan en eet het op. De Thai werken niet met menukaarten. Het eten is heerlijk, altijd vers.
Heel onaangenaam is dat bij hevige regenval een groot deel van Bangkok blank staat.
Sinds 2004 heeft Bangkok een metro in gebruik genomen: de bovengrondse *skytrain* en de ondergrondse *metro*. In 2006 is er ten oosten van de stad een nieuwe luchthaven gekomen. Helaas hebben deze zaken, net zo min als het aanleggen van een aantal nieuwe snelwegen, niet geleid tot het verminderen van de voortdurende verkeerschaos in Bangkok: 'Rot tit' of 'de auto's kleven'.

Ten westen van Bangkok ligt de provincie Kanchanaburi, waar men de bekende *'Bridge on the River Kwai'* kan bekijken en *nationale* parken kan bezoeken. Ook ligt er een klein Nederlands museum in de buurt en zijn er begraafplaatsen waar veel Engelsen, Australiërs en Nederlanders liggen die stierven tijdens de aanleg van de spoorlijn over de rivier de Kwai Yai.

Chiang Mai

Chiang Mai of 'Roos van het Noorden' is de tweede stad van Thailand. Hier zijn de laatste jaren veel nieuwe (hoge) gebouwen geplaatst en snelwegen aangelegd. Dit om de toeristen ten dienste te zijn die zogenaamde 'jungle treks' willen doen, sportieve trektochten door de bergen om de bergvolken te bekijken. De woeste natuur en de eenvoudig levende bergstammen in het noorden van Thailand zijn zeer de moeite waard om tijd en aandacht aan te besteden.

De oude binnenstad van Chiang Mai bestaat uit een vierkant omgeven door een gracht.
In Chiang Mai zijn meer dan honderd tempels te zien. De grootste attractie van deze stad is de avondmarkt, waar van alles wordt verkocht wat de streek te bieden heeft. Wie goed kan afdingen, kan hier tegen lage prijzen de mooiste spullen kopen.

Lumpinipark ligt midden in de stad.

Doi Suthep, Chiang Mai.

Chiang Mai krijgt steeds meer concurrentie van het noordelijker gelegen Chiang Rai. Vanuit deze stad zijn de bergstammen makkelijker te bereiken.

Mae Hong Son
In het noordoosten van Thailand komen relatief weinig toeristen. In de Isaan, zoals de Thai het gebied noemen, is het leven eenvoudiger dan in de rest van het land. Op veel plaatsen is nog geen elektriciteit. De mensen slapen er op matten op de grond omdat ze geen bedden hebben. Er wonen verschillende volkeren, zoals Thai, Lao en Khmer.

Mae Hong Son ligt een kleine 400 km ten noordwesten van Chiang Mai in een dal midden in de jungle. De weg naar Mae

Hong Son wordt ook wel 'de weg met de tweeduizend bochten' genoemd. Vroeger kon men er alleen komen op de rug van een olifant. Er is een weg aangelegd, 'hoofdweg nr. 108', waardoor nu ook ander verkeer naar Mae Hong Son kan komen. Mae Hong Son heeft een heel eigen cultuur en is vooral bekend om: de bewoners die traditionele Thai Yai kleding dragen; de schitterende, in Birmaanse stijl gebouwde, houten tempel; de beroemde Langnek-stammen: elk meisje dat wordt geboren krijgt met volle maan een koperen ring om haar hals. Dit heeft tot gevolg dat de nek tot onvoorstelbare lengte uitgroeit.

Phuket
Phuket of 'Parel van het Zuiden' is het grootste Thaise eiland en een van de belangrijkste toeristenattracties in Thailand.
Op Phuket, dat in de 19^e eeuw een belangrijke handelspost was, staan nog steeds de handelshuizen in koloniale stijl met Chinese en Portugese invloeden.
Het zuidwestelijke Phuket is vooral beroemd om de prachtige zandstranden. Naast luieren op het strand kun je snorkelen, duiken en genieten van allerlei soorten vis.
Buiten het vermaak aan het strand kan men in het binnenland van Phuket uitgestrekte plantages bezoeken, steile rotsen bekijken en beklimmen en wandelen door maagdelijk regenwoud in het *nationale* park *Khao Phra Taew*.

Door de 'tsunami', de vloedgolf die Phuket op 26 december 2004 trof, heeft bijna de hele wereld van Phuket gehoord. De toeristen-industrie heeft het door deze natuurramp zwaar te verduren gekregen. Langzaam herstelt het toerisme zich weer.
Phuket heeft na de 'tsunami' veel concurrentie gekregen van Koh Samui, een ander eiland dat aan de andere kant van het Maleisisch schiereiland ligt.
Een andere bedreiging voor Phuket heeft te maken met de moslim-minderheid op het eiland. In de zuidelijke (moslim)provincies van Thailand vinden de laatste jaren veel terroristische aanslagen

plaats. Die hebben tot nu toe nog niet op Phuket plaatsgevonden, maar als dat gebeurt, zullen de toeristen dit eiland vast de rug toekeren. Dat zou het einde van de gloriedagen van Phuket zijn.

Samui
Op het zuidoostelijke eiland Samui worden apen getraind om van boomtop tot boomtop te springen om zo rijpe kokosnoten te plukken. Mannetjesapen plukken er wel 1000 per dag. De apen zitten achterop de bagagedrager van de scooter van hun baasje als ze naar hun werk rijden. Toeristen kunnen op Samui een apen trainingsschool bezoeken.

Sukhothai
Sukhothai of 'Ochtendschemering der gelukzaligheid' was de eerste hoofdstad van Thailand toen dat nog het koninkrijk Siam was. De stad werd gesticht in 1238 en bleef hoofdstad tot 1365, toen de stad Ayutthaya de macht overnam en de nieuwe hoofdstad werd.

Nu is Sukhothai een groot historisch park vol eeuwenoude monumenten. Op een fiets kan door het park van de ene naar de andere oude tempel gereden worden. Veel beelden daar hebben een lachende uitdrukking op hun gezicht. Dat maakt de bouwstijl van Sukhothai bijzonder. De lach betekende dat het goed ging met de Thai, dat men rijk was en reden had om te lachen.
Door het park te bezoeken, kan men zich een goed beeld vormen van de macht en rijkdom van vroeger.

6. Toerisme in Thailand

**Het toerisme is voor Thailand een belangrijke bron van inkomsten. In 2006 trok het land een kleine 13 miljoen buitenlandse bezoekers.
In Thailand kun je van alles doen: van lekker luieren tot zware trektochten maken. Dit is mogelijk omdat Thailand zo veel verschillende landschappen heeft:**

- **prachtige stranden in het zuiden en op de eilanden;**
- **bergen en bergvolken in het noorden;**
- **oude cultuur in het centrale deel;**
- **een bruisende hoofdstad.**

Gewoontes en gebruiken in Thailand waar je als toerist rekening mee moet houden
Monniken in Thailand verdienen veel respect en moeten uiterst beleefd worden behandeld.

Wie een tempel bezoekt, moet zich zo kleden dat hij geen aanstoot kan geven. Dat wil zeggen dat men zijn armen en benen bedekt. Ook moeten schoenen worden uitgetrokken als men de tempel binnengaat. Dit geldt trouwens niet alleen voor tempels. Ook als men bij iemand op bezoek gaat, doet men de schoenen uit.

Het hoofd, het hoogste deel van het lichaam, van een boeddhist mag nooit worden aangeraakt omdat dat heilig is. Zelfs een kind mag je geen aai over de bol geven. Dat is een grove belediging en wordt als onvriendelijk en onaangenaam ervaren.

De voeten, het laagste deel van het lichaam, zijn onrein. In een tempel mag je nooit met je voeten in de richting van Boeddha zitten. Wijs niets aan met je voeten en stap niet over iemand. Ook dan word je aangezien voor een ongemanierd persoon.

Wie in Thailand ergens op bezoek gaat, krijgt meestal een glas water aangeboden, of een kopje thee of koffie. Als men een glas melk met suiker en een klein snuifje koffie erin krijgt, zegt men gewoon dank u wel, en laat de drank vervolgens onaangeroerd staan. Het geven van iets te drinken is een gebaar van gastvrijheid. Het is niet verplicht om het op te drinken.

In Thailand heeft de oudste altijd gelijk.
Een leraar, een 'khru' of 'ajarn' weet het altijd beter dan jij. Ook een monnik en een hoge regeringsambtenaar weten het beter. Zij hebben meer status, meer aanzien.
Als men tegen zo iemand ingaat, wordt men gezien als iemand die geen manieren heeft. Men verliest zijn gezicht, zijn aanzien of status.

Tijdsverschil
De tijd in Thailand loopt in de zomer vijf uur en in de winter zes uur vooruit op de tijd in Nederland. Dit betekent dat het in Amsterdam in de winter zes uur 's nachts is als het in Bangkok twaalf uur 's middags is.

Klimaat
Thailand heeft drie seizoenen:
- het hete seizoen van maart tot midden juni;
- het regenseizoen van juni tot oktober, als de zuidwestmoesson valt. In oktober kan zoveel regen vallen dat er overstromings-gevaar is;
- het koele seizoen van november tot en met maart. Dan waait de vrij droge noordoostmoesson. De temperatuur schommelt tussen 25 en 30°C. Voor het toerisme is dit het hoogseizoen.

Voor mensen uit ons klimaat is Thailand het hele jaar een warm land, met een gemiddelde temperatuur van 25°C. Bangkok staat in het Guinnes Book of Records geregistreerd als de warmste stad ter wereld.
Tijdens het regenseizoen vallen er, voornamelijk in de namiddag, korte hevige stortbuien. Hoewel regen nooit fijn is op reis, heeft

Phuket is een populaire reisbestemming.

zij ook voordelen. Door de regen is het landschap namelijk tijdens de vochtige periode prachtig groen. Het ruikt heerlijk fris en het is niet zo stoffig op de wegen. In het noorden van Thailand valt veel minder regen dan in de rest van het land. Het noordoosten is soms zelfs uitgesproken droog.

Seksindustrie

Bij veel mensen in het rijke westen staat Thailand bekend als het land waar liefde voor weinig geld te koop is. Heel veel vrouwen werken in de prostitutie, de betaalde seks. Een klein deel van die vrouwen, ongeveer 10%, werkt in de toeristenindustrie.

Andere bronnen van inkomsten voor Thailand door het bestaan van prostituees is de handel er omheen zoals de drankomzet, het vervoer van en naar de prostituees en de grote bedragen die door buitenlanders worden overgemaakt naar Thaise 'vrienden' of 'vriendinnen' die toeristen op vakantie hebben ontmoet.

Op het platteland laten veel arme gezinnen hun mooiste dochter geen zwaar werk doen om haar huid mooi, zacht en licht te houden. Vaak worden ze getraind in massage en andere speciale technieken. Dit alles in de hoop dat de dochter in de stad als prostituee een goed inkomen kan verdienen. Het verdiende geld kan de dochter naar haar ouders sturen om zo voor hen te zorgen. Hoe de families dan aan zoveel geld komen, wordt nooit besproken. Het geld dat de dochter naar huis stuurt, wordt soms door de vader en de broers gebruikt om prostituees in het dorp te bezoeken. In bijna elk Thais dorp is een gelegenheid waar men liefde kan kopen.

Vervoer
De wegen in Thailand, die tot de onveiligste ter wereld behoren, kunnen worden verdeeld in:
- 'trok', dit zijn steegjes waar je met de auto niet kunt komen. Zij liggen voornamelijk in oudere gedeeltes van steden;
- 'soi' betekent letterlijk straat. 'Soi' zijn breed genoeg voor een auto, maar elkaar daar als automobilist passeren is niet gemakkelijk;
- 'thanon' of hoofdverbindingsweg. Deze genummerde wegen kunnen plotseling smaller of breder worden. Dat heeft te maken met de ruimte die degene die de weg heeft aangelegd meende te kunnen gebruiken;
- Snelwegen. Er zijn - net als bij de spoorwegen - 4 hoofdroutes te onderscheiden: naar het noorden, noordoosten, oosten en het zuiden. Alle wegen komen samen in Bangkok.

Hoe goed of slecht de wegen zijn, heeft te maken met de gemeente of de provincie waarin ze liggen. In de provincie Suphanburi is veel geld besteed aan het verbeteren van de wegen. Daar zijn de wegen dan ook uistekend.

De meeste snelwegen in Thailand zijn niet vergelijkbaar met snelwegen in Nederland. Al het verkeer kan namelijk zomaar overal de weg op en af. Er zijn geen speciale op- en afritten.
Op sommige plaatsen zijn speciale verhoogde snelwegen. Hiervoor moet vaak tol betaald worden.

De oorzaak van de vele ongelukken kan zijn:
- slordig rijgedrag;
- openbare dronkenschap;
- het geloof dat Boeddha altijd voor iedereen zorgt (daardoor letten de Thai zelf minder goed op);
- verschil in snelheid van verkeersdeelnemers. Een waterbuffel die een kar trekt, loopt op dezelfde weg als waar auto's rijden met 150 kilometer per uur;
- loslopende honden, katten en andere dieren die plotseling de weg oversteken.

In Thailand kun je gebruik maken van:
- de bus, eigendom van de provincie, de stad of een particulier. Wie van de ene naar de andere provincie wil, moet vragen naar 'Baw Kaw Saw' of 'Bedrijf mensen vervoeren'. Rode bussen zijn koel, blauwe bussen niet;
- taxi, waarbij je de keuze hebt uit de:
- 'tuk-tuk', een soort taxi busje voor hoogstens vier personen;
- 'songtaew', een kruising tussen een bus en een taxi. Hij rijdt vaste lijnen maar kan ook besteld worden;
- 'taxi-motorcycle', motoren en brommers als taxi;
- fietstaxi, een fiets die verbouwd is tot een driewieler waardoor er 2 tot 4 plaatsen zijn.

De prijs wordt van te voren afgesproken.

Verklarende woordenlijst

Amulet, voorwerp dat men bij zich draagt om zich te beschermen tegen ziekte en ongeluk

Begeerte, hevig verlangen

Bridge on the River Kwai, spoorbrug over de Kwai Yai. De aanleg van deze brug heeft heel veel krijgsgevangenen in de Tweede Wereldoorlog het leven gekost

Cabaret, een soort toneel waarbij men zingt, danst, musiceert en grappen maakt

Cultuurgewassen, plant die wordt gekweekt om haar voedende waarde of omdat hij geld oplevert

Dialect, streektaal

Dynastie, vorstenhuis

Inheems, in het land zelf voorkomend

Internationaal, tussen verschillende landen

Koloniseren, een nederzetting plaatsen van waaruit (delen van het) het land ingelijfd kan worden bij het moederland

Millennium, duizend jaar

Nationaal, bij een bepaald land horend

Parasiet, een plant (of dier) die zijn voedsel uit een andere plant (of dier) haalt

Reservaat, gebied dat door de regering wordt beschermd vanwege zijn bijzondere planten- en dierenwereld, of omdat er een volk woont dat met uitsterven wordt bedreigd

Rivaal, iemand die hetzelfde wil als een ander waardoor er strijd kan ontstaan

Skytrain, bovengrondse metro

Transfer, de ene speler wordt voor veel geld tegen een andere geruild

Vegetarisch, zonder gebruik van vlees

Nog meer

Als je op internet inlogt en naar Google gaat, typ je gewoon 'Thailand' in. Je klikt op 'Thailand startpagina', waar je zelf je keuze kunt maken.

Dat kan verschillen van reisorganisaties, -verslagen en Thaise recepten tot de kaart van Chiang Mai in het noorden of de kaart van Phuket in het zuiden of Samui in het zuidoosten.

Veel mensen zetten hun reisverslag over Thailand op internet.

Een paar voorbeelden:
www.dalaa-thailand.com (voor wie vrijwilligerswerk wil doen, hoe mensen goed met elkaar omgaan)
www.learningthai.com (om de Thaise taal te leren)
www.samsam.net/wereldgodsdiensten (klik op boeddhisme)
www.nl.wikipedia.org/wiki/Thailand (uitgebreide informatie)

Leuk om te lezen

De volgende leesboeken spelen in Thailand:

Bang voor de boze. S. Miller, I.Murray, M. Veltkamp e.a. Uitgever OZG/OMF, 2002.
ISBN 9070048655 (9789070048655)
Pradit slaat het hoofd af van het beeld van de Tevreden Afgod, dat brengt ongeluk. Hij is erg bang totdat hij ontdekt dat de buurman zijn afgodbeelden heeft weggedaan en gekozen heeft voor Jezus. Vanaf ca. 9 jaar.

Hauser, Sjon en Kirsten Pijl. De kampioenen van Tijgerberg. Amsterdam: KIT, Den Haag:
NOVIB, 2001 ISBN 9068329251, 9789068329254
Vanaf 10 jaar.

Hauser, Sjon en Kirsten van Ophem. Stropers betrapt.
Amsterdam: KIT Publishers,
Den Haag: Novib, 2002. ISBN 9068329472, 9789068329476
Ek is pas naar Bangkok verhuisd. Daar voelt hij zich erg een-
zaam. Dit verandert wanneer hij Jit leert kennen.
Vanaf ca. 10 jaar.

Hoogenbom, Peter. Hete loempia's, vreemde weeshuizen en een
Thaise tweeling.
Vianen [etc.] The House of Books, 2006. ISBN 9789044316124,
9044316125
Pieter en Jochem gaan naar Thailand voor het wereldkampioen-
schap gamen. De jongens zamelen vooraf geld in voor een Thais
weeshuis. Dat geld gaan ze zelf brengen, maar het weeshuis
blijkt niet veilig te zijn.
Vanaf ca. 12 jaar.

Siebert, Rüdiger. Thong: een verkochte jeugd in Thailand.
Haarlem Holland, 1990.
ISBN 9025106242, 9789025106249
Thong, eem Thaise jongen, wordt door zijn bazen op een
vreselijke manier uitgebuit. In zijn land is dat niets bijzonders.
Vanaf ca. 11jaar.

Stassen, Roger. Gevaar achter de poort. Amsterdam [etc.]:
Clavis, 2003. ISBN 9044800469,
9789044800463
Een Thaise leerling-monnik staat telepathisch in contact met
Simon, een jongen die een eeuw eerder leefde en ernstig gewond
raakte. Als hij Simon helpt beter te worden, kan déze wraak
nemen op een van zijn belangrijkste belagers.
Vanaf ca. 12 jaar.

Vandenberghe, Marc. De stem van de berg. Hasselt: Clavis, 2000. ISBN 9068227688
Visje is een meisje uit Thailand dat kan praten met de dieren. Een vogel vertelt haar dat de berg Kleine Neun in gevaar is. Vanaf ca. 11 jaar.

Werner, Hans. Bolletjes uit Thailand. Amsterdam : Leopold, 1995. ISBN 9025848303, 9789025848309
Vanaf 12 jaar.

Werner, Hans. Een ring in Thailand. Amsterdam : Leopold, 1992. ISBN 902584829X, 9789025848293
Een 13-jarige jongen denkt op vakantie te gaan naar Thailand, maar zijn vader is op zoek naar zijn vroeger achtergelaten dochter. Hun wegen kruisen die van een Thaise jongen, die geld wil verdienen voor zijn vader. Vanaf 11 jaar.

Wiersema, Bert. Leven achter prikkeldraad. Heerenveen : Columbus, 2008. ISBN 9789085430902
Saw Po Poh is samen met zijn familie vanuit Birma naar Thailand gevlucht. Soldaten hebben hun dorp verwoest. Saw Po Poh komt in een vluchtelingenkamp terecht. Vanaf ca. 11 jaar.

Bronnen voor dit boekje:

De grote Oosthoek. Utrecht, Oosthoeks Uitgeversmaatschappij
BV. 1976-1981. ISBN 90 6046 220 3

Ongerept Thailand. Belinda Stewart-Cox.
Van Reemst uitgeverij bv, Houten. 1995.
ISBN 90 410 0203 0

Thailand. Hans Höfer. Cambium B.V. Zeewolde. 1997.
ISBN 90 6655 094 9

Thailand. Sjon Hauser. Koninklijk Instituut voor de Tropen.
2000. ISBN 90 6832 377 6

Thailand en Burma. J. Dittmar. Cantecleer, de Bilt. 1991.
ISBN 90 213 0509 7

Internetsites:

www.landenweb.net/thailand
www.NederlandseVerenigingThailand
(http://www.nvtbkk.org/cms/)
www.vakantielanden.net/thailand.htm
www.voorbeginners.info/thailand
www.nl.wikipedia.org/wiki/Thailand

Reeds verschenen in de WWW-reeks:

Deel 8 Turkije
Yono Severs
ISBN 978-90-8660-029-8
NOG NIET VERSCHENEN!

Deel 9 De Wadden
Yono Severs
ISBN 978-90-8660-030-4

**WWW-SPORT,
SPEL & DANS**

Deel 1 Skateboarden
Dolores Brouwer
ISBN 978-90-8660-039-7

Deel 2 De geschiedenis van
de Olympische Spelen
Saskia Rossi
ISBN 978-90-8660-061-8

WWW-BEROEPEN

Deel 1A Werken in de sport:
Topsport
Esther Nederlof
ISBN 90-76968-69-1

Deel 1B Werken in de sport:
Recreatiesport
Petra Verkaik
ISBN 978-90-8660-018-2

Deel 2 De kraamverzorging
Carla Gielens
ISBN 90-76968-49-7

Deel 3 De kapster/kapper
Yono Severs
ISBN 90-76968-91-8

Deel 4 Werken als
stewardess/steward
ISBN 978-90-8660-031-X
NOG NIET VERSCHENEN!

Deel 5: Werken in de dierentuin
Suzanne Peters
ISBN 978-90-8660-040-3

O